AF466092

RÉCITS DUNOIS

CHATEAUDUN

PENDANT L'INVASION

BATAILLE DE CHATEAUDUN

PAR R.-A. B.

CHATEAUDUN
HENRI LECESNE, IMPRIMEUR-ÉDITEUR

1871

JOURNÉE DU 18 OCTOBRE

JOURNÉE DU 18 OCTOBRE

> Derrière les assises de l'antique et colossal château des comtes de Dunois, plus de ville ! Au-dessus de la tour de Thibaud-le-Tricheur, plus de ciel ! Partout l'incendie !

Citoyens de Châteaudun, vaillants soldats du 18 octobre encore debout, c'est votre bataille, votre héroïsme que l'on va dire.

Ce n'est point notre voix, mais la vôtre, qui va retentir. Comment décrire l'impétuosité de votre élan, la puissance, l'éclat de vos coups, si, par l'examen attentif, respectueux, de votre champ de bataille, on ne s'était préalablement inspiré de votre esprit, pénétré de la grandeur de vos efforts !

Simple instrument dans vos puissantes mains, nous allons vous servir d'interprète. Allons! citoyens, allons! soldats, glorieux défenseurs de Châteaudun, racontez votre grande journée!

L'Allemand, que des succès inouïs, que des capitulations plus inouïes avaient amené au cœur de la France, aux portes d'Orléans, rôdait dans les environs de la cité dunoise.

Chaque jour, des coureurs montés sur des chevaux rapides, coiffés du chapska, enveloppés de l'ample manteau de drap noir, étaient signalés.

Des cabanes, des maisons, des usines, des villages payaient à chaque instant quelques résistances partielles par le pillage ou l'incendie.

Odieuse à tous, l'invasion n'avait mis les armes à la main qu'à un petit nombre des nôtres. Comme toujours, l'exemple était parti des plus braves. Comme toujours, le sang le plus généreux s'était donné le premier.

Des enfants de Paris, de ce foyer où tout bouillonne, éclate, projetant des flots de lumière mêlés à quelques lueurs sombres, vêtus de la vareuse noire, coiffés de la casquette noire, armés du chassepot à la bretelle noire, se glissent dans les plaines de la Beauce. Ils ne sont qu'une poignée.

A la pointe du jour, ils se jettent sur des escadrons prussiens. Un grand nombre d'ennemis tombent sous leurs coups; quatre-vingts sont faits prisonniers; cent chevaux sont capturés. Coup de foudre qui, d'Ablis à Versailles, retentit en portant la terreur et la rage.

Vingt-quatre heures après, les francs-tireurs de Paris entraient à Châteaudun avec leur proie, et Ablis était livré au pillage, à l'incendie.

Ablis n'est plus. Il ne fallait pas qu'il pût raconter la lutte dont il avait été le témoin. Châteaudun, qui a reçu le vainqueur, subira le sort d'Ablis. L'Allemand ne veut ni de la résistance, ni des francs-tireurs. Il sait que, si la nation envahie se joignait aux soldats, il serait perdu : à ses canons, qui seraient insuffisants, il ajoute donc le pillage, l'incendie, la fusillade. C'est ainsi qu'il entend et pratique la guerre.

A quelques jours de là, au Sud-Est de Châteaudun, l'horizon paraît en feu : c'est Civry qui brûle, c'est Varize, le village voisin, qu'on pille, qu'on incendie, qu'on tue. S'il veut vaincre, l'Allemand, il faut que la terreur combatte pour lui !

Le crime de Varize sera celui de Châteaudun. Le petit village ne veut pas courber le front devant l'envahisseur. Il veut se défendre. Il combat et meurt.

Civry, son émule en gloire, s'associe à la

lutte; il se jette, tête baissée, au-devant du fer et du feu qui l'anéantissent.

C'est un patriote de Civry qui apporte à Varize la boîte de roue transformée en canon; c'est à Varize que l'informe morceau de fonte a lancé la mitraille. Mais l'idée est venue de Civry.

Jamais on ne pourra exagérer quand on parlera de la résistance intrépide de Varize et de Civry. On s'est battu trois fois dans ces deux villages qui se touchent, qui se ressemblent, qui ont eu même gloire et même sort. Il est consolant, dans ces heures désespérées, de fixer les regards sur ce petit coin dunois qu'ont illustré tant de patriotisme et tant de vaillance.

Les heures s'écoulent rapides; l'atmosphère, toute chargée de fumée, enveloppant Châteaudun d'un vaste et large crêpe noir, annonce l'orage.

Émus, serrés, tous les cœurs d'abord se révoltent. Avant de marcher au sacrifice, il doit être permis, même au plus brave, de jeter un dernier regard sur le passé, d'adresser à tout ce qu'il aime un dernier adieu. Que de femmes, cédant à une émotion invincible, enlacèrent alors de leurs bras frémissants leur mari! Que de mères, les yeux humides, les lèvres tremblantes, déposèrent sur le front de leurs fils ces chastes et purs baisers dont le temps n'efface ni la trace ni le souvenir!

Le péril s'annonce terrible; pas une heure à perdre.

Des barricades élevées par tous les citoyens, formées de pierres, de terre, de fascines, hautes et profondes de cinq pieds, ferment toutes les issues. Derrière ces murailles, d'autres barricades. Chaque rue a la sienne, chaque carrefour, chaque place.

La petite cité retourne à l'âge de son

berceau. Comme au premier jour de son histoire, la voilà forteresse. Comme la guerre est bien le passé, c'est-à-dire la barbarie!

De son côté, l'ennemi ne perd pas une heure. Il sait ce que le temps vaut à la guerre. Bien renseigné, comme toujours, il n'a aucun doute sur la présence, à Châteaudun, des francs-tireurs de Paris. Ces citoyens-soldats qui ont exécuté le brillant coup de main d'Ablis doivent disparaître comme le théâtre de leur gloire! Que toutes les précautions soient prises! Que mitrailleuses, canons, cavalerie, infanterie, s'ébranlent en masse! Que Châteaudun et enfants de Paris soient anéantis!

L'ennemi avance, il approche; son plan est fait. Il se présentera devant sa proie à l'improviste, en plein midi; il l'enserrera dans toutes ses parties vulnérables; et, sans préliminaires d'aucune sorte, il la déchiquetera à coups de canons. Ce que le canon ne pourra détruire, sera livré au pillage, à l'incendie.

Le mardi 18 octobre, à midi, les cris : l'ennemi! voici l'ennemi! éclatent de tous côtés. Le clairon sonne, le tocsin jette l'alarme; soldats et citoyens se précipitent à leur place de combat.

L'ennemi entoure déjà la ville de l'Est au Sud. Cinq batteries ont pris position à 400 mètres au plus. Partie de son infanterie, déjà retranchée derrière des murs crénelés, attend l'ordre de faire feu. Le reste, prudemment couché derrière l'artillerie, doit protéger les canons contre toute surprise. Massée dans un pli de terrain, la cavalerie attend le moment d'agir. A trois kilomètres du champ de bataille est campée une réserve de cinq mille hommes.

Devant une armée de 13,000 hommes, qui a tout prévu, tout calculé, qui voit à sa tête le prince Albert, parent du roi de Prusse, un prince de Saxe, le général en chef Wittich, plusieurs généraux de brigade, un nombreux état-major; devant cette armée qui arrive résolue à laver la honte d'Ablis dans le sang dunois, une toute petite cité! une poignée de patriotes!

Ils sont 1,300.

Paris en a donné 700; Nantes, 115; Cannes, 50; Vendôme, 46; Châteaudun, le reste.

Pour répondre aux obus, à la mitraille, rien que des fusils, et encore!

Cette monstrueuse inégalité de forces, tout le monde la constate; personne ne s'en effraie. Les courages grandissent avec le péril.

Il est midi et demi. Le canon lance son tonnerre.

Un obus éclate sur l'hôtel-de-ville, suivi d'une grêle de projectiles. Toit, cheminées, fronton, corniche, tout est frappé, démoli, renversé. Tout croule avec fracas au milieu d'un nuage de poussière.

Cette grande voix, ce tapage effroyable, donne le frisson. Habitués aux périls et aux triomphes, les francs-tireurs de Paris relèvent la tête. Les Dunois se font le serment de rester fidèles à la grande cause. Seuls, les enfants de Nantes sous leur uniforme gris, sous leur feutre à larges bords, décoré de la plume noire, restent impassibles. L'homme dont le berceau a été caressé par les vagues, bercé au bruit des tempêtes, est de marbre devant le péril. Rien n'élève l'âme comme les grands spectacles de la nature.

Tout est utile dans la description des choses. Le moindre détail a sa signification, porte son enseignement. En lançant son premier projectile sur l'hôtel-de-ville, la Prusse décèle bien le caractère de sa guerre. Elle ne veut pas lutter, blesser, amoindrir, elle veut anéantir. C'est au cœur qu'elle vise toujours.

A l'hôtel-de-ville, comme aux barricades, il y a des hommes, des hommes au cœur intrépide.

Le Maire est là, décidé à mourir à son poste. Tout frémissant à l'approche de la tempête, non à cause de lui et des siens, mais pour la cité, il était redevenu, la première minute passée, d'un calme stoïque. Chaque coup de canon le trouvait impassible, quoique, de temps à autre, sur un champ de bataille voisin, se dressât, visible pour lui seul, l'image de son fils. Aux côtés du Maire un homme aux formes athlétiques, sentant battre dans sa large poitrine un cœur de patriote.

L'artillerie poursuit son œuvre de destruction contre les murailles, la mousqueterie commence la sienne contre les hommes. Il n'est encore qu'une heure, et la bataille doit finir à dix.

Ambulanciers, faites approcher les cacolets, les civières, les brancards! Médecins, accourez! Hôpitaux, ouvrez vos larges portes! Que l'on creuse les fosses, là-bas, dans le cimetière! Les enfants de Nantes n'en sont pas loin. Déjà leur capitaine, le brave Legalle, a donné son sang à la petite cité. Son front est couronné de l'auréole céleste, son regard s'éteint; sur ses lèvres expire un sourire, dernière manifestation de sa tendresse pour les êtres précieux et chers qui ne doivent plus le revoir.

Homme pâle, qui de l'asile de la mort as fait ta demeure, que tes fosses soient larges, profondes, serrées! Près de quinze mille soldats lancent le fer et le feu! Plus de deux mille vont glisser dans le sang. Quand l'impitoyable faucheur d'hommes travaille avec cette rage, l'homme des tombeaux doit être à son poste. Il faut qu'il retienne bien les noms, les places, qu'il ne les oublie pas. Des femmes de France et d'Allemagne, tremblantes, sous de longs vêtements noirs, viendront lui dire : Fossoyeur ! fossoyeur! où est mon fils, que la guerre aveugle, inexorable, m'a ravi ?

L'ennemi ne s'arrête pas. Après l'hôtel-de-ville, l'hôpital. Malgré le drapeau blanc croisé de rouge, flottant à une très-grande hauteur à son campanile, il reçoit volée sur volée.

Un obus s'abat sur le toit hospitalier, le troue, pénètre dans la salle des blessés. Des soldats que l'on vient d'amputer s'élancent de leurs lits, poussant des cris de malédiction ; le sang s'échappe de leurs blessures ; leur vie va s'éteindre. Les femmes dont la mission est de consoler, de soulager les victimes, témoins de ce spectacle horrible, joignent les mains, tombent à genoux, implorant le Ciel. De leurs lèvres tremblantes, pas un mot ! La surprise, l'indignation les rendent d'abord muettes. La charité, l'amour, dont leur âme se nourrit et se consume, éclate bientôt en gémissements, en sanglots.

Sœurs d'hôpital, sœurs d'ambulance, le monde est votre patrie; l'humanité, votre famille. Que le respect des hommes soit votre éternel rempart ! Que la céleste demeure des anges soit la récompense de votre belle vie !

Après l'hôtel-de-ville et l'hôpital, l'église. Le clocher, tout entier de pierre, paraît à l'ennemi un puissant agent de destruction. Si, frappé à sa base, il s'écroule, tout un quartier de la cité disparaît sous ses décombres.

Les boulets battent en brèche l'antique édifice. Déjà un cercle d'entailles profondes l'enserre, l'étreint. Encore quelques coups et il va se précipiter, d'une hauteur de deux cents pieds, avec le bruit épouvantable de l'avalanche. Une cascade de pierres de taille pouvant servir de tombeau à des centaines de femmes et d'enfants, quel spectacle pour des vainqueurs!

L'Allemand ne verra pas l'avalanche descendre, n'entendra pas le mugissement formidable de la cascade de pierres de taille.

L'infanterie allemande se glisse en rampant et va se placer en avant de ses batteries.

Les tirailleurs allemands occupent une maison isolée, entourée de bouquets de bois. Sur le devant, faisant face à nos tirailleurs, des granges, des étables, des greniers, des écuries, une mare au bassin profond, aux talus élevés. De chaque pli, de chaque accident de terrain, l'Allemand s'est fait un abri. Les bâtiments derrière lesquels il s'est retranché sont tous crénelés de bas en haut. Partout invisible, il vise, tire et tue.

Qu'a donc fait la cité dunoise investie, battue en brèche, dont les murailles s'écroulent, dont les toits s'effondrent en encombrant les rues? Elle a osé se défendre.

Le Prussien qui pille, qui brûle, qui fusille, ne veut pas de défense. La défense, il la considère comme un crime ; le défenseur, il le punit comme un criminel !

Pauvre petite cité ! Si tu étais prussienne et que tu te défendisses vaillamment contre la France, le Roi-Empereur t'appellerait la brave, l'héroïque, t'affranchirait de tout impôt pendant un siècle. Mais tu n'es pas au-delà du Rhin ; tu es en deçà, et cela suffit pour que l'on te frappe à mort. Ainsi que les partis qui divisent et tuent les nations, les rois sont donc aveugles, impitoyables, funestes ! Sous les rois, comme sous les tribuns, l'orgueil et l'envie faisant taire la raison, la justice, rendent donc criminels !

Que l'on ne se retranche point derrière les sophismes et les arguties. Rien ne prévaut contre la morale : ni l'utilité, ni la nécessité, ni le droit de la guerre. La morale est une comme la vérité, comme la Divinité ; et, lorsque l'on châtie ce qui a droit au respect, on n'est pas moral, mais immoral.

La fusillade et la canonnade sur toute la ligne exécutent leur infernal concert. Partout l'attaque et la défense rivalisent d'énergie, menacent de tout engloutir. Cité infortunée ! avant que tu ne sombres, peut-être pour toujours, que ton nom soit prononcé avec respect ! Qu'un dernier regard embrasse tes murs qui croulent, qu'un dernier témoignage d'affection te soit offert ! Ne t'offense pas de nos hommages : le culte du malheur ne compte plus, hélas ! beaucoup d'adeptes.

Le voyageur, qui, le matin, sort d'Orléans,

se dirigeant vers l'Ouest, peut, vers la fin du jour, sans trop hâter le pas, atteindre la ville de Châteaudun, jadis capitale du pays dunois, aujourd'hui simple chef-lieu d'un arrondissement d'Eure-et-Loir.

La grande chaussée qui relie les deux villes court, d'un point à l'autre, en ligne droite, traversant ces immenses plaines beauceronnes que nos pères, avant de les cultiver, ont tant de fois arrosées de leur sang dans leurs luttes contre l'étranger. C'est là qu'après le dénouement fatal d'Alise le conquérant des Gaules s'est élancé abattant, brûlant, anéantissant tout. Lui, aussi, regardait toute résistance comme un crime et la châtiait. Lui, aussi, malgré son génie, la supériorité de son armement, de son organisation, éprouvait l'invincible besoin de recourir à la terreur. Obligés de renoncer aux grands mouvements stratégiques qui avaient échoué, nos pères commençaient la guerre de partisans, cette guerre si favorable aux faibles, qui pouvait détruire l'œuvre du vainqueur; il fallait à tout prix en arrêter le développement. Ce fut dans le sang que fut noyée l'idée libératrice. Le ravageur des Gaules et Guillaume se rencontrent, à près de deux mille ans de distance, éprouvent le même effroi devant le même réveil national, et punissent du dernier supplice le premier de tous les dévouements.

C'est aussi là que se réunissent les grandes voies militaires dont la charrue n'a pu faire disparaître la trace profonde, que l'on ne peut rencontrer sans rendre hommage au courage du vaincu, sans maudire le génie puissamment destructeur du vainqueur.

C'est encore dans ces plaines couvertes de villages portant toujours des noms romains que le laboureur et le terrassier font jaillir avec la charrue ou la pioche ces monuments si nombreux, d'époques, d'origines, de styles si divers, dont la découverte fait le bonheur de l'antiquaire, dont la possession constitue la richesse de nos musées. C'est là enfin que le bâtard d'Orléans, comte de Dunois, a, suivant la simple et noble expression du chroniqueur Jean Chartier, travaillé pendant vingt-cinq ans à la délivrance de son pays.

En touchant à Châteaudun, la grande chaussée orléanaise va droit au cœur de la place. A gauche et à droite s'ouvrent des boulevards de création récente, qui permettent de contourner, d'enserrer la ville dans la moitié de son périmètre.

Très-accessible, très-vulnérable de ce côté, Châteaudun devient bientôt inexpugnable, assis qu'il est sur un rocher gigantesque dont la base allant se perdre à une profondeur considérable plonge dans la vallée du Loir.

C'est dans cette vallée que se déroulent, aux pieds et sous les regards du voyageur émerveillé, les magnifiques prairies qu'arrose le Loir, dont les eaux limpides semblent dormir sous les saules. Des usines importantes dressent çà et là la tête derrière de longs rideaux de peupliers. A gauche, Saint-Gilles, avec ses jolies tourelles, ses allées sinueuses, ses riants bosquets ; dans le lointain, la sombre forêt du duc de la Rochefoucault; à droite, le charmant village de Marboué avec son clocher antique s'élançant du milieu des massifs noirs; plus loin, les bois et l'habitation des Coudreaux. L'un des plus grands capitaines de France reçut là l'ordre fatal qui devait le conduire sur l'esplanade de l'Observatoire de Paris, devant des fusils chargés par l'étranger.

Devant soi, des coteaux plantés de vigne et d'arbres à fruits se soulèvent doucement en montant pour aller fermer l'horizon.

Sillonnés d'étroits sentiers bordés d'aubépines et d'églantiers, ces coteaux sont brusquement coupés par une large tranchée, tracée en ligne droite : c'est la grande chaussée orléanaise qui reprend sa course vers le Mans, en passant par Brou. Rien ne manque au tableau, pas même la tour solitaire, la tour du moyen-âge. On la voit dans le fond du paysage dresser sa tête altière, narguant l'intempérie des saisons et les outrages des siècles.

Paysage original, gracieux, ce n'est point en ces jours nébuleux, froids, amers, que l'on peut te peindre ; c'est par une tiède soirée d'été, quand le dieu du jour plonge l'horizon dans la mer de feu qui doit lui servir de couche.

Le vallon s'éloigne, se creuse alors ; les images présentent plus d'harmonie ; les ombres, plus de mystères. Le genévrier, agité sous le souffle caressant de la brise, les peupliers et les saules, ont des gémissements plus tendres ; l'airain de la tour antique, des notes plus graves, plus austères.

Ainsi, Châteaudun, très-accessible à l'Est et au Sud, tient de la nature, à l'Ouest et au Nord, d'imposantes défenses. Les rampes, qui, du haut du roc dont la cité a fait son siége, descendent en serpentant dans la vallée, sont étroites, abruptes, d'un accès difficile, dangereux.

Dès que le comte Ernest Lipowski entrevit Châteaudun, il dut se dire : Voici mon champ de bataille; c'est ici que je ferai sortir mon nom de l'obscurité; c'est ici que la France, actuellement étranglée par la poigne brutale de l'Allemand, pourra s'élancer vivante et libre du foyer que je vais allumer. Il se trompa : le sacrifice fut inutile, et, du centre des débris dont le Polonais couvrit la cité dunoise, le salut national ne jaillit pas. Une fumée mélangée de lueurs sinistres, qui aveugle plus qu'elle n'éclaire, fut tout ce que donna l'embrasement des 235 maisons de Châteaudun.

Seul au centre de la Place, le comte Lipowski, qui dans ses mains tient en maître les destinées de la ville des comtes de Dunois, prête l'oreille au bruit du canon. Placées de l'Est au Sud, enveloppant nos murailles dans un demi-cercle de feu, les batteries ennemies vomissent les boulets, les obus, effondrent nos toits, trouent nos murailles, font disparaître nos rues sous des montagnes de décombres.

Le courage de Lipowski ne lui fait pas négliger la prudence. La pluie de projectiles qui s'abat sur les toits, dans les rues, sur les places, fouettant partout les murailles, bondissant partout avec fracas, sur les tuiles, les dalles et les pavés, l'enveloppe sans l'atteindre. Le long des murs encore debout, il se tient l'oreille tendue, le corps penché en avant, dans l'attitude d'un homme qui interroge le destin, qui pèse les chances bonnes ou mauvaises. Joueur habile, résolu, autant que capitaine, il sait rester muet, impassible. La rapidité, l'intensité des détonations de l'artillerie ennemie lui révèlent l'énergie de la défense, l'exaspération de l'assiégeant.

Loin des positions ennemies, loin des nôtres, ne pouvant les embrasser du regard, il semble suivre néanmoins toutes les phases, toutes les péripéties de la lutte. Le tableau souvent changeant du combat paraît placé sous ses yeux, de minute en minute, par une main invisible et fidèle. A la distance où il se trouve, dans l'isolement où il médite, il ne peut rien voir; cette situation ne lui cause aucun embarras : il peut toujours en préciser le caractère, en fixer la durée, en prévoir le dénouement. Le médecin qui tient entre ses doigts le poignet du moribond ne détermine pas plus exactement la force vitale qui va s'éteindre.

Plus épais, plus sombres, les nuages de fumée jaillissent des toits embrasés, se réunissent, formant toute une voûte lugubre au-dessus de la cité. L'impassibilité des Dunois ne se dément pas. Plus effrayant que les plus lamentables clameurs, leur silence annonce bien leur résolution de s'ensevelir, s'il le faut, sous les débris de leurs foyers.

Nos combattants qui, au tonnerre du canon allemand, ne peuvent répondre que par le sifflement aigu et grêle de la balle, sont tout entiers à la grandeur du spectacle dont ils sont les glorieux acteurs, à la sainteté de la cause qu'ils ont juré de défendre. Les cris de douleur des enfants, des femmes, des vieillards réfugiés au fond des caves de la cité qui brûle se perdent dans la solitude et ne peuvent être entendus que de Celui qui tient tout dans ses mains.

Le bombardement de la cité dunoise par les trente canons allemands dure depuis trois heures, et l'ennemi n'a pas encore gagné un pouce de terrain ; il va tenter un suprême effort.

Ses tirailleurs quittent en rampant leurs abris inaccessibles, s'approchent lentement et prudemment de nos lignes. Ses canons suivent le mouvement. Le cercle de fer et de feu qui étreint la petite cité, qui va l'étouffer, se rétrécit de plus en plus, se fait de plus en plus menaçant et terrible. Loin de s'en effrayer, les défenseurs de Châteaudun n'en deviennent que plus intrépides. Tout à l'heure la mort choisissait ses victimes; maintenant elle va faucher, les yeux fermés.

Saint amour de la patrie, tu es vivant encore au fond des âmes françaises! Quels prodiges n'aurais-tu pas enfantés, si le Pouvoir qui nous a perdus eût mieux su employer nos forces, s'il n'eût pas follement conduit un semblant d'armée au-devant de toute une nation jalouse, implacable, qui depuis longtemps déjà nous tenait couchés en joue !

Vous qui, avec tant de patience et de savoir, avec tant d'éclat et de bonheur, pendant tant d'années glorieuses, avez su fixer la victoire sous nos drapeaux, de quelle indignation, de quel mépris ne vous sentiriez-vous pas frémir, s'il vous était permis d'assister à la honte de nos jours!

Richelieu! Louvois! Carnot! votre France, cette terre bénie, jusqu'ici favorisée, jusqu'ici glorieuse, retentit douloureusement du bruit des pas de l'étranger. Son sol est piétiné, foulé, ravagé. De l'Orient à l'Occident on n'entend que le hennissement des chevaux, que le roulement des fourgons, que le sifflement chevrotant, agaçant, des fifres, que le commandement nerveux et guttural des chefs teutons, que le tonnerre de leur artillerie.

Bientôt cette France que vous avez faite si grande va être raccourcie, mutilée, couchée dans le lit étroit et déshonoré des nations en décadence. Bientôt l'œuvre de Louis-le-Grand va glisser des mains incapables qui avaient saisi le gouvernail ; et ce naufrage qui va stupéfier le monde imprime sur notre histoire une tache tellement grande que tout le sang de nos enfants et petits-enfants suffira à peine à la laver.

En attendant la grande réparation, le sang généreux des Dunois va encore s'épandre sur cette noble terre de France, pour l'honneur et l'indépendance de la Patrie.

Allemands et Français, sur ce petit coin de terre qui s'appelle Châteaudun, se menacent du regard, se fusillent presque à bout portant. Des traits de sang-froid, de courage, d'héroïsme, qui rappellent notre passé sont signalés déjà de tous côtés.

Devant les batteries de l'ennemi vomissant la destruction, devant les tirailleurs allemands dont chaque coup est mortel, la cité dunoise compte trois postes avancés. C'est là que le péril enflamme les courages, que les cœurs s'élèvent jusqu'à l'idée du sacrifice.

Une poignée de nos combattants, mal à l'aise derrière leurs barricades, s'élancent en avant, résolus à porter, par un coup d'éclat, la terreur dans les rangs de l'ennemi. En quelques instants les servants de deux canons prussiens tombent foudroyés. On va saisir les pièces abandonnées, les enlever. Déjà les plus intrépides sont attelés aux affûts, déjà l'élan est donné, le mouvement imprimé : les pièces entraînées vont quitter le champ de bataille, servir de trophées aux glorieux vainqueurs.

Résolution digne des temps antiques, vous allez vous évanouir comme un rêve! L'ennemi voit le danger qu'il court, pressent la honte qui l'attend si la sublime résolution se réalise.

L'artillerie prussienne abandonne son œuvre infernale, modifie ses positions, change son feu. L'église et le clocher battus en brèche vont demeurer debout sur leurs puissantes assises, les quartiers voisins qui devaient s'écrouler sous la puissante avalanche de pierres taillées vont ne plus rien avoir à redouter; mais vous, soldats au cœur vaillant, vous allez mourir!

Parmi ces martyrs, un enfant de Châteaudun, dont les deux frères combattent pour la même cause, s'affaisse l'un des premiers. Au moment où la mort imprime sur son front l'empreinte auguste, le père de ce héros tombe, pas loin de là, frappé de deux coups de feu. Ainsi, le même jour, à la même heure, sur le même théâtre, pour la même cause, un père et ses trois fils bravaient la mort, deux d'entre eux offraient et donnaient leur sang. Que leurs noms restent à toujours gravés dans la mémoire de leurs concitoyens!

Délivrés de leurs craintes, les Allemands ne mettent plus de bornes à leur rage. La cité qui renferme des citoyens comme ceux qui viennent de tomber doit être anéantie. Les batteries tonnent toutes à la fois; les maisons trouées, percées, s'écroulent; les étages s'effondrent les uns sur les autres, écrasant tout avec un fracas épouvantable. Aux nuages sombres, épais, qui s'élèvent des décombres et qui, comme un dôme, se balancent bientôt au-dessus de la cité, viennent se mêler des lueurs sinistres. L'incendie précipite son œuvre. La flamme, soulevée par le vent, court, s'étend, se propage. Le feu va tout atteindre, tout saisir, tout dévorer. L'Allemand n'a plus peur : la fortune de Châteaudun est désormais fixée.

L'ingénieur des francs-tireurs de Paris avait fait construire, à l'extrémité de la rue de Chartres, une barricade devant commander les deux grandes voies qui viennent y aboutir. Malheureusement, la principale de ces voies, par suite de la rapidité ou de la négligence apportée aux travaux, resta complètement libre. Cette faute grave, qui eût dû nous être fatale, va nous servir. Au lieu d'en profiter, l'ennemi soupçonne un piége, opère un mouvement tournant et vient se livrer à nos coups.

A l'Est de Châteaudun, à l'angle de la nouvelle avenue qui conduit à la gare, une maison non encore achevée s'élève au centre d'un vaste jardin. Des murs entourent de tous côtés la maison blanche et rose ; une grille en fer d'un travail élégant en ferme l'entrée principale. C'est dans cette petite villa, qui devait prochainement recevoir un vétéran du travail, que l'ennemi va lancer ses tirailleurs.

Déjà de larges brèches sont pratiquées dans les murs du jardin ; déjà les pierres descellées croulent sous le large pied de l'envahisseur. Déjà les portes et les fenêtres de la maison cèdent avec fracas à l'effraction, à l'escalade. La maison est envahie. Un feu roulant et terrible, un feu plongeant, s'abat sur les défenseurs de la barricade de la rue de Chartres et les décime.

Un Prussien, avide de sang, qui veut tuer et voir tomber sa victime, a l'audace de se poster seul à trente pas de la barricade, derrière la grille de fer, dans l'angle du mur qui la tient scellée. Chacun de ses coups est mortel.

Les braves qui ont accepté la glorieuse et périlleuse mission de défendre l'entrée de la rue de Chartres n'ont plus qu'à mourir.

C'est aux heures suprêmes que le génie des grandes races, des races vraiment supérieures, se révèle tout entier.

Des Allemands habitués à combattre deux

ou trois contre un, à se replier toujours dès que le succès paraît douteux, auraient déserté la barricade déjà rouge de sang. Les francs-tireurs de Paris, les gardes nationaux de Châteaudun s'élancent à droite et à gauche, renversent les murailles qui leur masquent l'ennemi, abattent du premier coup l'Allemand dont le tir a été mortel, foudroient tout ce qui s'est retranché, abrité dans la maison. En quelques minutes la façade est criblée, percée à jour; nos balles vont fouiller les ténèbres. On les entend retentir sur la pierre, sur le marbre, sur le fer; on les entend ricocher en tous sens portant la mort partout. Puis, au fracas épouvantable des pierres qui croulent, du fer qui se tord sous l'action du feu et sous l'effort des combattants, succèdent les plaintes, les gémissements, les cris des blessés, le râlement des mourants. Prussien cruel, tu étais venu là pour tuer et tu as été tué.

Dans cette longue scène de carnage, où tout a été héroïque, un héroïsme plus éclatant que tous les autres a empli les cœurs de respect et d'admiration. Au plus fort du péril, pendant que la mort menaçante, inexorable, planait au-dessus de tous, une jeune fille, une Dunoise de dix-sept ans, franchissait sans crainte, sans forfanterie, le théâtre ensanglanté de la lutte, portait sans cesse à nos défenseurs le fer, le plomb, la poudre qui pouvaient, en sauvant leurs jours, assurer leur triomphe et leur gloire.

Même bravoure, même héroïsme aux barricades des Dames-Blanches, des rues Galante, d'Orléans, de toutes les autres. Jamais résistance ne fut plus énergique, plus intrépide, plus glorieuse. Jamais poignée d'hommes luttant contre tout un corps d'armée ne mit plus en lumière la puissance du noble amour de la Patrie. On a longtemps parlé avec honneur de la journée de Mazagran, où mille Français triomphèrent de vingt mille Africains. La journée de Châteaudun tiendra une plus grande place dans nos souvenirs.

La nuit descend épaisse, profonde. L'incendie des maisons frappées de l'obus se propage. Des lueurs et plus grandes et plus sinistres s'élancent des toits embrasés, percent les ténèbres, les sillonnent. Ces clartés effrayantes, dont la réverbération s'étend sans cesse, ressemblent, dans les sombres espaces du ciel, à de longues traînées de sang.

Ce spectacle, dont l'horreur est indescriptible, annonce à l'héroïque cité ses funérailles. Femmes, enfants, vieillards se décident à fuir. Où vont-ils ? Ils ne le savent pas.

Ils passent à peine vêtus, malgré la nuit et l'hiver, s'aidant tous et de la voix et de la main. Pas une larme encore! Les cités qui savent sacrifier à l'honneur tous les biens sont supérieures aux coups du destin.

A travers les ténèbres, la boue, les décombres, les barricades, ils glissent comme des ombres, comme des fantômes. Des mères, portant le plus jeune de leurs fils, se penchent toutes frémissantes; et, de leurs baisers ardents couvrant l'innocente victime de la guerre, semblent prendre le Ciel à témoin de la barbarie prussienne.

Tous se précipitent, tous s'ouvrent un passage vers l'Ouest. C'est de ce côté qu'existent ces pentes étroites, difficiles et quelquefois dangereuses, qui, du plateau où Châteaudun est assis, descendent si rapidement vers les rives du Loir.

Ils n'ont pas encore franchi cette barrière qui doit les dérober aux fureurs de l'ennemi, que déjà ils sont mêlés, confondus, séparés. Le fils a perdu son père; la mère n'a plus, à ses côtés, tous ses enfants. On se cherche, on s'appelle, on court, on se précipite ; mais en vain : on ne se retrouve plus.

A ces souffrances, qu'ils rencontrent dès les premiers pas, s'ajoutent les anxiétés les plus poignantes : la bataille n'est pas finie, le fer et le feu de la Prusse n'ont pas tout exterminé, les défenseurs de Châteaudun sont encore sous les armes. Quelle sera leur destinée ? A cette pensée, tous les cœurs se serrent, tous les courages se sentent faiblir. Épuisés, haletants, brisés, les fuyards s'arrêtent. Ils veulent jeter un dernier regard sur leur ville bien aimée.

Derrière les assises de l'antique et colossal château des comtes de Dunois, plus de ville! Au-dessus de la tour de Thibaud-le-Tricheur, plus de ciel! Partout l'incendie! Partout la fournaise! Cloués au sol par la terreur, les fuyards ne regardent plus : ils écoutent. Dans les profondeurs de cet enfer, la voix des combattants vibre encore avec la sonorité du clairon. Ces fiers et terribles accents, sortant des poitrines dunoises, dominant le bruit de la mousqueterie, portent à la fois dans l'âme des fuyards un orgueil et un désespoir sans bornes.

Les barricades sont tournées. L'Allemand, qui n'a pas osé les attaquer de front, s'avance lentement dans la cité à travers les nombreux passages qu'il a su s'ouvrir. Le corps penché en avant, l'oreille aux aguets, le fusil chargé, armé, la main sur le sabre, il se glisse le long des murailles. Le tigre qui sent sa proie et ne la voit point encore doit détendre ses muscles puissants, ses griffes acérées, et se préparer ainsi au carnage avant de bondir.

Néanmoins, quoi qu'il fît pour se dissimuler, l'Allemand ne parvient pas cette fois à tromper les nôtres. Nos défenseurs abandonnent les barricades, se replient lentement vers le centre de la ville, recueillant, interrogeant chaque bruit, faisant effort pour percer l'obscurité qui leur dérobe l'ennemi. Nul d'entre eux ne songe à faire feu. Tous se préparent pour le dénouement terrible, pour l'heure suprême. Trahis par la fortune, nos pères ne s'apprêtèrent jamais mieux à noblement finir. Comme eux, les défenseurs de Châteaudun, préférant l'honneur à la vie, vont vouloir, en tombant, laisser de leurs efforts et de leur défaite un souvenir et un exemple impérissables.

La cité est prise. Rien ne s'oppose plus à la rage de l'Allemand. Il se répand par masses, renverse tout. Les portes des maisons sont enfoncées; les vitres, brisées; les meubles, fracturés, fouillés. Le pillage et l'assassinat commencent.

Dans l'une des premières maisons ouvertes

par la hache, un vieillard, un ancien soldat, prêtait l'oreille à tous les bruits extérieurs. Il était pâle, frémissant. L'ennemi le trouva debout, malgré ses quatre-vingt-quatre ans. Sa main n'était point armée, mais l'éclair brillait dans ses yeux ; sa voix, quoique cassée par l'âge, sut tonner encore une fois : « Arrière, bandits ! Vous n'êtes pas des sol-« dats ! Ce n'est point ainsi que j'ai fait la « guerre chez vous, moi qui ai vu vos armes « et vos drapeaux dans la poussière des « champs de bataille ! »

Un jeune officier prussien abat le vétéran de Friedland de deux coups de révolver. Dix soldats furieux se précipitent à la fois sur le corps ensanglanté : la mort n'est pas assez pour celui qui a osé flétrir la barbarie du vainqueur. Le vieillard est lancé, vivant encore, au milieu d'un brasier.

Sire ! vous êtes roi de Prusse, empereur

d'Allemagne. La France, que vous avez surprise, meurtrie, déchirée, ensanglantée, — disons le mot — frappée au cœur, agonise sous vos coups.

Le nom sacré de Dieu est toujours sur vos lèvres. Vous allez, pendant quarante jours, prier pour vos morts. Un triomphe asiatique vous attend à Berlin. Plein d'illusions et de chimères, vous croyez votre gloire et votre puissance taillées dans l'airain, supérieures aux vicissitudes de la fortune. Soit! vous n'êtes plus Guillaume; vous vous appelez Alexandre, César, Charlemagne!

Eh bien! Sire, quoi que vous disiez, quoi que vous fassiez, quelque miracle que fasse encore, pour vous, cette grande prostituée qu'on appelle la Fortune, jamais vous ne parviendrez à effacer la tache que l'incendie et les assassinats de Châteaudun ont imprimée sur votre blason!

L'heure de la retraite, pour les défenseurs de Châteaudun, est venue. Personne n'en donne le signal. Cette absence de commandement accroît les difficultés, le péril. Soit qu'ils espèrent rencontrer leur salut dans l'audace, soit qu'ils aient résolu de ne pas survivre à leur défaite, plusieurs des nôtres persistent à ne pas quitter le champ de bataille.

Cependant, des cris déchirants se font entendre. Rendu féroce par une résistance de huit heures qui lui a coûté des flots de sang, le Prussien frappe, renverse et tue.

Deux francs-tireurs s'élancent dans une maison à moitié détruite par le bombardement. Ils sont entrés. Un escalier se présente ; ils l'escaladent, sans se demander où il conduit, s'il ne s'écroulera pas sous leur poids. Une escouade d'Allemands les aperçoit et les suit. C'en est fait ! Plus d'issue, plus de retraite pour les enfants de Paris. Au-dessous d'eux, les Allemands barrant le passage, sondant les espaces et les ténèbres de leurs fers. Pas de grâce, pas de merci! La mort, rien que la mort! Duel monstrueux, exécrable, de dix hommes contre deux!

Les francs-tireurs ont tout entendu, tout compris. Ils se sentent perdus. Prêts à mourir, ils veulent vendre chèrement leur vie. Le danger qui les menace est le même. Leurs pensées, leurs réflexions, leurs résolutions sont les mêmes. Ils n'ont plus qu'une âme, qu'un cœur, qu'un esprit. Ce qu'il faut faire, chacun d'eux le fait.

Les liens du sang ne sont ni plus étroits, ni plus complets, ni plus admirables, que ceux que le péril vient de former entre ces deux hommes. Oui, deux soldats combattant ensemble sous le même drapeau pour une grande et noble cause sont bien frères! Oui, ils sont héroïques, dignes de l'histoire, quand, pour échapper à la honte, au déshonneur, ils sont prêts à se précipiter dans les bras de la mort!

Ils ont gravi la dernière marche. L'escalier tout entier est debout, malgré l'écroulement des murs. Plus de toit! Les obus et les bombes l'ont effondré. Au-dessous, la mort implacable, inévitable; au-dessus, le ciel sombre, menaçant, tout sillonné de feu, repoussant toute prière, refusant toute espérance!

En cet instant, où chaque minute est une vie, l'un des francs-tireurs saisit brusquement son compagnon, l'attire doucement dans une fraternelle étreinte, lui fait signe de se taire, de rester, d'attendre, et descend.

Les Prussiens, pieds nus, étaient déjà montés, cherchant leur proie.

Tout à coup des cris terribles retentissent, suivis d'un bruit épouvantable;

puis, plus rien qu'un large flot de poussière. Assommés à coups de crosse, deux Prussiens étaient tombés à la renverse, entraînant dans leur chute les huit autres et l'escalier lui-même. Tout s'était affaissé, tout avait croulé à la fois.

Quand l'ennemi, le lendemain, releva ses morts, il trouva dans la maison, sous l'escalier renversé, deux cadavres enveloppés de la longue capote noire; près d'eux, à terre, brisés, maculés de sang, deux casques en cuir bouilli.

La retraite des défenseurs de la cité dunoise s'opérait partiellement, irrégulièrement. Chacun de ces vaillants soldats, par le seul fait de la liberté laissée à tous, se voyait condamné à se frayer un passage à travers les masses allemandes par une voie unique, la Place, toutes les autres leur étant fermées.

4

Une colonne de cinquante des nôtres cherchait depuis quelque temps déjà, et vainement, à s'ouvrir ce passage difficile ; toujours, au moment d'atteindre le but, elle se voyait forcée de rétrograder. Lasse de tánt d'efforts inutiles, elle pousse droit devant elle, la baïonnette en avant, et ne rencontre que le vide. La voici dans les rues non envahies encore ; elle peut fuir sûrement, et elle s'arrête. Les hurrahs frénétiques de l'ennemi massé sur la Place l'irritent, l'indignent ; elle opère un mouvement de conversion et vient se placer derrière une barricade abandonnée, dominant tout le côté Nord-Est de la Place même qu'elle vient de franchir.

De cette position, nos soldats peuvent prendre l'ennemi en écharpe. Sur un signe du commandant, le feu commence : sept fois la foudre éclate, sept fois les Prussiens sont frappés. Le sol est entièrement couvert de cadavres. Un cri de terreur et de vengeance retentit aussitôt; une mitrailleuse est braquée dans la direction d'où la mort est partie, elle tonne et vomit la mitraille, mais inutilement : la colonne a repris sa marche ; la barricade est vide, déserte.

L'envahissement des maisons par effraction et escalade continue, ainsi que le pillage. L'incendie, plus menaçant, plus terrible, s'étend, enveloppant de plus en plus la cité. Ce ne sont plus des lueurs douteuses, des clartés sinistres. C'est l'éclat fulgurant de la fournaise. C'est le volcan vomissant sa lave embrasée. C'est l'enfer entr'ouvrant ses abîmes sans fond et portant dans l'âme des spectateurs une épouvante sans bornes.

Cependant, rien n'arrête le vainqueur. Il poursuit son œuvre de dévastation, de destruction, de tuerie. Ses dernières colonnes sont entrées dans nos rues ; un flot allemand se précipite sur la Place déjà pleine, comme un torrent, poussant, refoulant tout.

Au milieu de ces bandes que la longue et énergique résistance des nôtres a remplies de fureur, une circonstance restée obscure jusqu'ici a retenu une poignée de francs-tireurs et de gardes nationaux.

Tout ce que le cœur de Paris et de Nantes a de plus français, de plus intrépide, tout ce que le dévouement a de plus sublime, va disparaître pour toujours. L'ennemi sent sa proie, s'apprête à la déchirer. Les braves qui ont bien mérité de la patrie, les héros que la balle, que le boulet, que l'obus n'ont pas encore atteints vont tomber sous le fer ennemi.

Ils sont trente. Debout au milieu de deux mille Allemands, vociférant, hurlant, ils attendent.

Fortune misérable, avilie comme la victoire de la race hypocrite que tu favorises, tu vas laisser accomplir ce nouveau crime? Trente soldats, trente citoyens vaillants et fidèles, vont servir de curée à la meute allemande?

La *Marseillaise,* ce chant du désespoir, jette soudain ses notes terribles dans l'espace. Des gémissements, des vociférations emplissent les airs ; des masses noires s'affaissent ; sous le choc des armes que laissent échapper des mains glacées, le sol retentit avec un bruit sinistre. L'épouvante, la terreur sont partout. Que s'est-il passé? nul ne le sait ; mais, dans le lointain, les accents de la *Marseillaise* continuent ; l'hymne national a perdu le ton de la menace, le caractère de la vengeance. Il s'élève dans les cieux calme, grave, austère, toujours pathétique, mais cette fois empreint de la simplicité, de la grandeur biblique. Le chant de guerre s'est fait cantique.

La dernière note expire; les enfants de Nantes et de Châteaudun, tout-à-l'heure sous la serre sanglante du vautour prussien, sont libres !

Saint amour de la Patrie, noble et sublime génie de la France, vous voilà, comme autrefois, vivants, étincelants de lumière, prêts à renouveler les anciens prodiges !

La petite cité dunoise veuve de ses soldats, le vainqueur ne craint plus rien ; le pillage, le vol, la dévastation, l'assassinat, l'incendie, vont se produire pendant toute la nuit et le lendemain, sous toutes les formes, sans contrainte, sans frein, sans remords. L'aspect des ruines amoncelées est agréable au vainqueur. Devant le sang, devant le feu, sa conscience ne se révolte pas. A tout ce qui peut arracher un cri ou une larme au vaincu, le Prussien applaudit :

« Le beau spectacle qu'une ville en flammes ! »

« Il faut que ce soit le sort de toute la France, que tout y passe : femmes, vieillards, enfants ! »

Le lendemain, alors que le pillage était consommé, la rapacité des pillards assouvie; alors que la ville disparaissait, maison par maison, sous l'action de l'incendie allumé à la main par le vainqueur gorgé de vin, d'eau-de-vie, de liqueurs, repu de viande crue, un TRIBUNAL s'éleva en plein vent, sur le petit square de la rue de Chartres, en face l'avenue de la gare.

Il était sept heures du matin.

Entouré d'un nombreux état-major, le général Wittich, nonchalamment étendu dans un fauteuil, le cigare à la bouche, va rendre ses arrêts, au nom du Roi son maître.

Des Dunois de tout âge, de toute condition, lui sont amenés. Nul interrogatoire sérieux, nul débat, nulle défense! Le général allemand hait les discours. — Comme son épée, sa justice tranche tout... au hasard.

Son regard, moins trouble que sa conscience, s'arrête fixe, implacable, sur les prisonniers. Tout Dunois qui porte moustache ou des souliers jaunes est un franc-tireur. Le malheureux qui porte des bottes, de longues surtout, est nécessairement un patriote forcené, un ennemi à supprimer.

C'est par un signe que le général annonce sa décision. C'est sur un signe que ses victimes sont emmenées. Presque toutes suivent le même chemin.

Sur la route d'Orléans, à la sortie de Châteaudun, est la tuilerie Husson. Dans les cours de cette usine un bassin profond, tout rempli d'eau verdâtre, croupissante, tient sa gueule béante. C'est là que l'Allemand, à coups de crosse, fait descendre nos prisonniers, harassés, épuisés; pendant de longues heures, ils sont retenus dans l'eau glaciale.

Le Prussien, qui prévoit tout, qui ne recule devant rien, a inventé cette salle d'attente pour prévenir l'évasion des prisonniers, rendre leur garde moins fatigante et plus sûre. Malgré ces précautions raffinées, un cordon de Prussiens entoure la mare, le fusil chargé, armé, braqué sur nos malheureux compatriotes.

En face du tribunal Wittich, seulement à quelques pas, s'élève un autre tribunal, également présidé par un général ; il est entouré, comme le premier, d'un nombreux état-major. Là, on ne juge pas les Dunois, on ne les condamne pas, après la ruine de tous leurs biens, à abandonner femmes, enfants, à rester prisonniers de guerre, à quitter la France, pour être conduits dans le nord de la Prusse : on se borne seulement à distribuer leurs dépouilles. Chaque Allemand prend ce qui lui plaît, le général approuve tout par un sourire.

Le prince Albert apparaît. Les soldats

allemands poussent des hurrahs frénétiques. Ces clameurs, dans une ville pillée, détruite, en feu, durent être bien agréables à l'oreille du Prince. Déjà il avait ordonné l'incendie du toit qui l'avait abrité, de l'hôtel à la table duquel il s'était assis avec tous ses officiers, payant ainsi par la ruine le repas somptueux qu'il s'était fait servir.

Ainsi le pillage, le vol, l'incendie à la main, l'assassinat à domicile, tout à la fois, dans la même cité, par les mêmes hommes.

Que la France n'oublie rien, qu'elle ait le courage de tout retenir et de se taire ! Son ennemie a eu ce grand courage pendant dix ans avant de paraître sur le champ de bataille de Waterloo ; pendant cinquante-cinq ans encore, avant de venir nous ravir nos frontières.

La spontanéité, la fougue, la force, l'héroïsme, aujourd'hui, sont des dons funestes.

La matière triomphe des forces que le Français tient du Ciel. Duguesclin, Bayard, Jean Bart, Latour-d'Auvergne, se briseraient eux-mêmes au premier choc de cette machine à battre, de cette machine à broyer, composée de fer et de chair humaine, que la Prusse a patiemment, silencieusement combinée, exécutée, pour assouvir sa haine et son ambition.

Elle a passé sur nous, cette machine horrible qui de chaque soldat fait une brute; elle a passé, comme autrefois l'armée des Huns et des Vandales, en laissant partout la dévastation.

Que la France toute meurtrie ne tarde pas à se relever de ses ruines ! le temps presse, chaque jour est compté. Que les discussions irritantes ne prennent pas la place de l'action ! Que le forum ne fasse pas négliger le champ de Mars ! Que la France ne compte que des Français !

Il est, dans la vie des nations, des heures suprêmes. Malheur à qui refuse de tenir compte des enseignements qu'elles apportent. Lorsque l'aiguille de l'horloge éternelle s'arrête brusquement sur l'une de ces heures fatales, un peuple vraiment digne de vivre se garde bien de lui faire reprendre violemment sa course ; il a le courage d'attendre. Bientôt remise du choc qui l'a ébranlée, arrêtée, l'aiguille se remet d'elle-même à glisser sur le cadran indestructible du temps, plus rapide, plus puissante.

Patience et longueur de temps
Font plus que force ni que rage.

« Longtemps après le combat, dans la nuit
« et le lendemain, de paisibles habitants,
« des vieillards, des malades, sont tués chez
« eux ou sur leurs portes, à coups de fusil et
« de révolver ; quelques-uns sont brûlés
« dans leurs lits sous lesquels le feu est mis ;

« des blessés sont jetés vifs dans les flammes « d'où ils ont été retirés tellement carbo- « nisés, qu'il a été impossible de les recon- « naître.

« Une centaine de personnes de tout âge, « de toutes conditions, prises au hasard dans « la ville, des infirmes, des vieillards, de « tout jeunes hommes, presque des enfants, « sont enlevés le lendemain du combat et « conduits comme prisonniers en Allemagne. « Ce nombre de captifs était prescrit et devait « former une trophée digne d'une telle vic- « toire.

« Ces faits sont de la plus scrupuleuse « exactitude.

« Tout commentaire est inutile ; dans « quelle langue, au surplus, pourrait-on « trouver des termes pour qualifier de tels « actes? »

Ainsi s'exprime le Maire de Châteaudun, dans son rapport au Ministre.

L'histoire, qui rendra dans ce drame lamentable son arrêt souverain, dira de quel côté a été l'héroïsme, de quel côté la barbarie. La gloire n'est jamais où la vertu n'est pas.

La France, surprise et indignement traitée, doit se rassurer ! Elle aura toujours des soldats. La Prusse, pendant longtemps encore, n'aura que des reîtres, des soudards. Entre les uns et les autres la fortune n'hésitera pas toujours. Elle ira là où se trouve la civilisation, la liberté ; elle ne consolidera pas cet Empire nouveau, fait de pièces et de morceaux sur le patron usé et vermoulu de l'absolutisme.

Châteaudun ! terre à jamais illustre, on t'embrasse d'un seul regard. Par rapport au tout, tu es un atôme dans l'univers ; mais ta place est faite, rien ne peut désormais l'effacer. Tout ce qui pense, tout ce qui peut concevoir la vraie grandeur, te connaît et retient ton nom.

Hier bourgade à peine connue, aujourd'hui cité historique, tu vas, du haut de ton rocher, voir passer les siècles, les tempêtes, les révolutions, inaccessible à leurs outrages.

Vainement la foudre te réduirait en cendres ; toujours, dans le domaine de l'immortalité, resplendira ta fière devise :

« *Extincta revivisco.* »

www.ingramcontent.com/pod-product-compliance
Ingram Content Group UK Ltd.
Pitfield, Milton Keynes, MK11 3LW, UK
UKHW020212200726
13856UKWH00004B/1340